AF483068

NOTICE

SUR LA RESTAURATION INTÉRIEURE

DE

L'ÉGLISE DE NEMOURS

PAR M. ÉDOUARD DUMESNIL.

SE VEND 50 CENTIMES

AU PROFIT DES PAUVRES.

FONTAINEBLEAU,

TYPOGRAPHIE ET LITHOGRAPHIE DE E. BOURGES.

—

1865.

NOTICE

SUR LA RESTAURATION INTÉRIEURE

DE L'ÉGLISE SAINT-JEAN-BAPTISTE DE NEMOURS.

Il y a quelques années, l'église paroissiale Saint-Jean-Baptiste de Nemours, était, à l'intérieur comme à l'extérieur, dans un état déplorable de dégradation. Cette situation a bien changé, et la vieille abbaye, dont la fondation remonte à la fin du XIIe siècle, est aujourd'hui complétement restaurée, aussi bien en dedans qu'au dehors. Les réparations extérieures ont été exécutées aux frais de la commune. Cette restauration n'est pas complétement satisfaisante au point de vue de l'art; mais il était difficile, disons-le, de rajeunir un vieux monument sans que le vêtement neuf ne présentât un contraste fâcheux avec l'aspect du passé ! En effet, certaines parties de l'édifice, le portail, la tour, les contre-forts, étaient en pierres de taille fort dégradées, tandis que les pans de muraille étaient en simple maçonnerie recouverte de crépi. Pour cacher cette différence, on a adopté un système uniforme de ravalement en ciment romain, dans lequel on a figuré des assises de pierres régulières, d'un aspect un peu trop jeune, qui ont l'inconvénient de faire ressembler une vieille église à un petit tableau-horloge de Nuremberg, ou bien encore à un beau vieillard qui porte une perruque blonde, seulement le postiche est irréprochable : il était à peu près impossible de faire mieux.

Mais ce n'est pas de ces travaux que nous voulons spécialement nous occuper, nous désirons plus particulièrement appeler l'attention sur la restauration et l'ornementation intérieure de l'église, entreprises et maintenant complétement achevées par l'initiative, les soins et les ressources de M. le curé de Nemours, aidé de ses paroissiens : suivons le plan de restauration, voyons-le à son début, dans ses progrès, dans les ressources qui ont permis de l'exécuter.

Avant de parler de l'œuvre, qu'il nous soit permis de dire un mot de l'auteur :

M. l'abbé Grabut, curé de Nemours depuis 1842, outre les vertus ordinaires qui sont l'apanage des prêtres de France, a puisé dans ses relations avec les hommes les plus éminents et les plus distingués du clergé et de la littérature, les délicatesses de goût et les recherches de l'esprit qui caractérisent l'homme du meilleur monde. Nous comptons sur son indulgence pour nous faire pardonner ces quelques mots non d'éloge, mais de vérité.

Vers 1851, M. le curé eut la bonne pensée d'appliquer à la restauration de la chapelle de la Sainte Vierge les bien faibles ressources de la confrérie des jeunes

filles, ressources qui depuis longtemps s'en allaient
annuellement en achat d'oripaux, de fleurs artificielles,
de découpures en papier doré, et autres menus objets
éphémères, d'un goût souvent douteux, toujours à re-
nouveler sans aucun profit pour l'édifice.

La chapelle de la Vierge placée derrière le maître-
autel, forme le chevet de l'église, par une construction
en saillie régulière sur le fond du monument et paraît
appartenir au XVIe siècle. Elle est éclairée par trois
grandes fenêtres ogivales avec meneaux et découpures
gothiques. La fenêtre du milieu qui fait le fond de
l'église regarde le levant, les deux fenêtres latérales sont
en pan coupé.

A cette époque, la fenêtre du milieu était murée ; sur
un faux nuage de plâtre appliqué à la muraille, on
avait placé une statue de la Sainte Vierge, qui avait
sans doute la prétention de représenter une Assomption,
bien qu'elle tint l'enfant Jésus dans ses bras : sorte
d'anachronisme dont on n'ose calculer les conséquences
pour notre pauvre humanité !

Afin de ménager au-dessus de la tête de la statue une
couronne d'étoiles percée à jour dans la muraille, on
eut la fâcheuse et irréparable idée de détacher de la
grande voûte, un magnifique pendentif en pierre fouillée
à jour, qui formait avec les deux plus petits, restés

dans les nefs latérales, le plus précieux ornement de l'édifice ; malgré toutes les recherches, cette dentelle de pierre a disparu. On croit qu'un amateur d'antiquités s'en est emparé, en abusant de l'innocence d'un honnête vicaire, auquel il aurait offert en échange un Chemin de la Croix couvert d'enluminures aussi crues que barbares.

Après de longues hésitations et non sans rencontrer des obstacles dont on ne se douterait guère, après avoir vaincu des scrupules plus honnêtes que sensés, M. le curé se décida à faire garnir ces trois fenêtres de verrières : l'œuvre était importante et les ressources bien modiques pour faire face à une dépense de quatre mille francs ; mais M. le curé, bien convaincu de cette maxime que Dieu ne laisse jamais ses enfants au besoin, ou bien encore de cet adage du bon La Fontaine :

> Dieu prodigue ses biens
> A ceux qui font vœu d'être siens,

se lança dans une entreprise dont il ne prévoyait pas alors l'importance, et qui a eu pour résultat la complète restauration aujourd'hui achevée de son église.

Une bonne âme avait mis M. le curé en rapport avec un jeune peintre verrier qui avait son atelier dans la maison qu'elle habitait (ancien hôtel des Stuarts, aujourd'hui disparu).

Plein de confiance dans cette recommandation, le digne
pasteur lui commanda ses vitraux et nous fit part triom-
phalement de sa satisfaction.

J'avoue à ma honte que je ne partageai ni sa joie, ni
sa sécurité, et rempli d'une certaine inquiétude sur le
mérite de l'artiste auquel on l'avait adressé, je résolus
de voir par moi-même à qui nous avions affaire, et moitié
défiance, moitié curiosité, me drapant dans ma qualité
de marguillier, j'allai frapper à la porte de l'atelier.

Si jamais mon illustre ami, mon ancien et mon bon
camarade de classe, aujourd'hui ministre de l'Empereur
et qui pour cela ne m'a pas oublié au milieu de ses
grandeurs, vient à savoir que je suis devenu marguillier,
il sera bien plus surpris que je ne l'ai été en apprenant
son élévation au ministère : car, s'il avait toutes les qua-
lités requises pour cet emploi éminent, je n'avais rien
de ce qui fait le marguillier, si ce n'est peut-être l'or-
gane désigné dans un vers bien connu. Malgré cela les
voûtes du temple ne se sont pas écroulées sur ma tête,
le banc de l'œuvre n'a pas jeté de flammes, et notre
digne pasteur a eu l'extrême bonté de me tolérer malgré
mon indignité.

J'eus le malheur bien involontaire de causer au pauvre
artiste une invincible frayeur ; il s'agissait pour lui d'une
œuvre considérable, capitale, peut-être tout son avenir,

ses cartons étaient déjà commencés; que venait faire
ce malencontreux marguillier? j'étais un véritable fâcheux de la plus mauvaise espèce! néanmoins, et sans
abuser de son effroi, je le priai de vouloir bien me
montrer quelques œuvres, des échantillons de peinture
sur verre, des dessins, des croquis.

Je fus immédiatement convaincu que nous avions eu
la bonne fortune de rencontrer un talent sérieux, un
dessinateur consommé, ayant passé par la grande école
des beaux arts, et nourri de l'étude des maîtres. Avant
de quitter l'artiste et pour réparer autant qu'il dépendait
de moi la peur que je lui avais causée, je lui offris cor-
dialement l'hospitalité lorsqu'il viendrait poser son travail, il accepta franchement, je le quittai enchanté,
j'avais gagné un ami.

Ces premières verrières furent posées en 1853. Celle
du milieu représente une grande Assomption, la Vierge
en gloire sur un nuage, entourée d'anges. La fenêtre la-
térale de gauche contient l'Annonciation celle de droite
la Nativité.

Bien que très-satisfaisantes dans leur ensemble, ces
verrières ont donné lieu à des critique qui nous parais-
sent exagérées; on leur a reproché généralement d'être
un peu pâles, le reproche ne nous paraît pas fondé pour
l'ensemble; les seules parties composées des émaux qui

représentent les tons de chair pourraient laisser à dé-
sirer ; leur vigueur est atténuée par l'entourage nécessaire d'un large espace blanc qui représente les nuages,
et doit isoler la Vierge ; les tons bleus et rouges qui for-
ment les vêtements sont vifs et richement colorés. Ajoutons
encore, pour la justification du peintre, que la fenêtre
du centre était alors murée, ce qui rendait d'autant plus
difficile de calculer l'effet à produire, que par son orien-
tation, elle reçoit directement les rayons du soleil levant ;
aussi son aspect est-il très-variable suivant l'heure à laquelle on la visite : mangée par les feux du jour dans la
matinée, elle est splendide dans l'après-midi : disons
aussi qu'à l'époque où ces verrières furent posées, la
grange des Champarts, située à quelques mètres de
l'église, existait encore et diminuait singulièrement la lu-
mière qui n'entrait que par les fenêtres latérales. N'ou-
blions pas, en passant, de rappeler que cette grange et
ses dépendances contiguës à l'église, ont été acquises
par M. Grabut de ses propres deniers et données par
lui à la ville.

Ce qui est incontestable, c'est le grandiose de la com-
position, la pureté du dessin, la pose digne et harmonieuse
de la Vierge ; dans les fenêtres latérales, ce sont des
détails charmants ; nous signalons le coussin sur lequel
est agenouillée la Vierge, Saint-Joseph, et une petite
échappée de vue avec perspective de paysage dans le
lointain qui rappelle les maîtres hollandais.

Ces vitraux venaient d'être posés, à l'époque où notre regrettable ami Amédée Aufauvre, l'auteur des *Monuments de Seine-et-Marne*, enlevé trop jeune aux lettres et aux arts qu'il cultivait avec tant de zèle et de succès, passa à Nemours pour recueillir les documents nécessaires à sa publication. Il était érudit, et de Troyes la patrie des grands verriers, ville éminemment riche en vitraux ; conditions excellentes pour juger l'œuvre de Cornuel (c'est le nom de notre artiste), et notre critique n'est que le résumé de la sienne.

Dans son ouvrage, Aufauvre cite comme intéressante pour l'histoire et l'art, la verrière du maître-autel.

En effet : au point de vue historique cette verrière représente l'épisode principal de l'origine de notre ville : C'est le comte Gauthier, seigneur de Nemours, chambellan du roi Louis VII, qui présente à l'archevêque de Sens, à la porte de l'église nouvellement bâtie, une relique de Saint-Jean-Baptiste (une partie de l'os-maxilaire gauche inférieur) apportée par les religieux de Sébaste en Palestine (Samarie), après la deuxième croisade, en 1145.

Au point de vue artistique, cette verrière qui porte la date de 1550 et représente un archevêque de Sens, par la netteté du dessin, la hardiesse du trait, la sûreté de main, dénote évidemment l'œuvre d'un maître. Aussi croyons-nous que ces circonstances et surtout son époque, peuvent la faire attribuer au grand verrier qu'on a surnommé le père de la peinture française, Jean Cousin, né à Sens en 1500, et alors dans toute la force et la gloire de son talent.

En signalant l'état déplorable de ces vitraux, Aufauvre exprime le regret de les voir disparaître très-prochainement, si une réparation artistique ne vient promptement les sauver d'une destruction imminente.

Ce miracle s'est accompli, voici comment : les confrères de Saint-Vincent, patron des vignerons (dont la fête a conservé à Nemours des traditions fort anciennes et passablement bachiques), auraient bien voulu faire restaurer un débris de vitrail qui ornait la chapelle de leur saint; mais les fonds manquaient et pour cause : M. le curé n'en vint pas moins au secours de leur détresse.

D'après nos suppositions, ce débris devait représenter les noces de Cana; c'était une erreur : un renseignement authentique d'un vieux manuscrit de la famillle Hédelin, qui contient une description fort ancienne de l'église, a permis de lui restituer son véritable titre : c'est une Cène, Jésus-Christ à table au milieu de ses Apôtres.

Cette verrière, dont il ne restait que quelques fragments, paraît contemporaine de celles du chœur. La restauration fut heureuse et si bien réussie, qu'il est impossible de distinguer les parties neuves, grâce à une admirable tête de Christ, principal reste de l'ancien vitrail qui a donné la gamme des tons à l'artiste.

Emerveillé de ce résultat, un homme pieux auquel une fortune inattendue tombait du Ciel, vint trouver M. le curé et lui offrir spontanément, en témoignage de sa reconnaissance la somme nécessaire pour : 1° restaurer les trois verrières au-dessus du sanctuaire, dont les deux de côté gardaient à peine quelques traces de verre de couleur, tandis que celle du milieu, un peu mieux conservée, était surtout défigurée par des transpositions bizarres et monstrueuses de telle nature que certains personnages avaient la tête sous les pieds ; 2° et de plus ajouter un vitrail de chaque côté, en tout cinq fenêtres, qui compléteraient l'histoire de Saint-Jean-Baptiste, savoir : à gauche, en regardant l'autel, la Naissance de Saint-Jean, la Prédication dans le Désert ; au centre, l'Histoire de la Translation des Reliques ; à droite, le Baptême de Notre-Seigneur dans le Jourdain, enfin, la Décollation.

De ces cinq sujets, celui du milieu et le Baptême, sont les seuls restaurés. Les trois autres sont entièrement neufs. Restaient quatre autres fenêtres, deux de chaque côté, à pourvoir de vitraux pour achever l'ornementation du chœur. M. le curé y parvint en escomptant la promesse aujourd'hui réalisée qui lui avait été faite par une dame charitable.

Ces quatre verrières représentent : la première à gauche, *la Résurrection de Lazare;* la seconde, *Jésus enfant devant les Docteurs;* la première à droite, la *Transfiguration;* la seconde, *Laissez venir à moi les petits enfants.*

Après l'achèvement du chœur, M. le curé fit exécuter successivement les différents vitraux des chapelles latérales et des basses nefs, en commençant par les quatre grisailles ornées qui sont à droite et à gauche au fond de l'église et produisent le meilleur effet. Nous avons, dans la chapelle à droite, une *Madeleine aux pieds du Christ;* cette verrière nous parait une des mieux réussies : elle est vue d'un peu trop près; plus éloignée du spectateur, elle devient magnifique ; dans la chapelle de gauche, en pendant de la précédente, *Saint-Pierre recevant les clefs du Paradis*; ensuite, la verrière commémorative dont nous nous réservons de raconter l'histoire; enfin, la grisaille de la chapelle de la Bonne-Mort bien antérieure à celles-ci et que nous aurions dû placer, suivant la date, avant la Cène de la chapelle de Saint-Vincent.

En voyant ces embellissements arrivés si heureusement, l'imagination de M. le curé, qui fermentait depuis longtemps, prit tout-à-coup un caractère de ferme volonté, gage assuré du succès.

Ce qui lui manquait, ce qu'il faillait trouver, c'était le nerf de la guerre, cet or, que M. Scribe traite si légèrement de chimère, probablement parce qu'il en avait beaucoup, et dont il est bien plus facile de savoir se servir que de savoir se passer.

Après avoir bien réfléchi, bien mûri son idée, le digne prêtre s'arrêta à un moyen terrible, héroïque : il proposa à ses paroissiens une souscription gigantesque, illimitée quant au nombre des souscripteurs, absolument comme une société anonyme ou en commandite, dont il serait à la fois l'administrateur, le gérant et le caissier, afin qu'il n'y eût qu'une seule clef. La souscription fut fixée à la somme exorbitante, osons le dire, de *un sou,* cinq centimes par jour, dix-huit francs vingt cinq centimes par an. Le succès fut complet : qui pouvait refuser à son curé une pareille demande? les femmes des plus incrédules vinrent souscrire avec ou sans l'autorisation de leurs maris.

Et voilà par quel superbe expédient financier, M. le curé a réuni la somme nécessaire pour restaurer complétement l'église qui lui est confiée.

Mais tous ces efforts eussent été impuissants, les ressources insuffisantes, sans l'intervention d'un homme vraiment extraordinaire, auquel nous sommes heureux de rendre hommage, et que la Providence réservait pour auxiliaire à M. le curé : ce simple ouvrier maçon

qui, par la pratique des vertus chrétiennes,a su conqué-
rir l'estime et le respect de toute une population, et faire
accepter sa piété même par les ouvriers ses confrères;
les habitants de Nemours ont reconnu Baudin.

Il a été le bras de l'œuvre, dont M. le curé était la
tête; sans son exquise délicatesse poussée, suivant nous,
jusqu'à l'exagération, le travail eût été si non impossible,
au moins incomplet. Heureux lorsqu'il travaille pour la
maison du Seigneur, il n'a jamais voulu accepter plus
que le prix rigoureux de sa journée, et a permis par là
à M. le curé de faire, avec une somme égale, trois fois
plus qu'il n'eût pu faire dans des conditions ordinaires.
Citons-en un exemple : pour occuper ses longues soirées
d'hiver, Baudin gâchait un sac de plâtre, le divisait en
blocs d'inégales grosseurs, les mettait sécher devant son
feu; lorsqu'ils avaient acquis une consistance suffisante,
avec son couteau et d'instinct, il sculptait une tête
d'ange, une feuille d'acanthe, un chapiteau de colonne,
puis il les faisait durcir. C'est par ce procédé qu'il a ré-
paré toutes les parties de sculpture endommagées ou
manquantes; presque tous les culs de lampe de la nef
ont été rétablis par lui, et maintenant qu'une teinte uniforme a couvert tous ces raccommodages, nous défions
les plus habiles de les reconnaître.

Pour ce travail qui eût coûté une somme considérable, confié par un architecte à un ouvrier orne-

maniste, Baudin n'a jamais voulu recevoir que le prix du plâtre, sa main-d'œuvre était pour lui une partie de plaisir. Disons notre pensée toute entière, cet homme est un saint de la bonne, de la vraie espèce, un saint de son époque, un travailleur, *rara avis !*

Qu'on me permette de raconter de lui un trait dont j'ai été témoin : c'était à l'incendie de la fabrique de Bailly, à moitié chemin de Larchant. J'avais depuis long-temps déjà, et fort à propos, échangé la brillante épau-lette à graine d'épinards de commandant de la garde na-tionale, contre les épaulettes de laine de simple pompier, bien plus légères à porter. Après vingt-trois ans de ser-vice, l'estime de mes camarades m'avait élevé à la dignité de caporal, et c'est en cette qualité que je partis pour Bailly, juste au moment du repas du soir. La maison isolée était dépourvue de ressources; on le savait : aussi, M. le maire, avec une sollicitude qui ne se dément jamais en pareille circonstance, nous avait fait suivre par une voiture de provisions fort nécessaires. Le feu éteint, on nous rassembla pour une distribution de vivres très-bien accueillie. Je vois encore la grande cuisine de la ferme remplie d'hommes mouillés, noirs de cendre et de fumée, la grande tenue des pompiers, tenue non de parade, mais de service et de dévouement, celle dont personne n'a jamais songé à rire.

Cette distribution se faisait militairement; à l'appel de

son nom, chacun venait recevoir sa ration ; quand ce fut
le tour de Baudin, qui, suivant son habitude, avait fait
des prodiges de force et d'adresse, il s'avança avec l'air
calme et tranquille qui ne le quitte jamais, tendit sa
large main gauche, reçut un gros morceau de pain et de
jambon, et de la main droite gardée libre à dessein, sans
forfanterie ni respect humain, fit un magnifique signe de
croix ; un silence de respectueuse admiration fut la ré-
compense de cette action si simple ; pendant une minute
on aurait entendu une mouche voler au milieu de ces
soixante affamés, et lorsqu'un loustic, rompant le silence,
prit la parole, ce fut pour s'écrier : Baudin, tu es
encore plus brave là qu'au feu !

Quant à notre pompier, il mordait à belles dents sa
pitance et ne s'est probablement jamais douté de l'im-
pression qu'il venait de produire. Qu'on me pardonne
de m'être étendu aussi longuement sur ce digne homme,
le sujet est loin d'être épuisé, et je pourrais citer de lui
bien d'autres traits d'une délicatesse exquise si je ne
craignais de blesser sa modestie.

On est heureux de rendre hommage à de pareilles
vertus, aussi rares dans tous les temps que dans le nôtre.

Avant de se décider, M. le curé envoya son fidèle
Baudin, prendre des informations dans les villes voisines
où des réparations analogues avaient été exécutées à

Pithiviers, à Montargis : partout, les prix étaient à peu près identiques, et assez élevés pour faire reculer devant leur chiffre ; il s'agissait en effet de près de 5,000 mètres superficiels (un demi hectare, plus d'un arpent) de peinture murale, dont un certain nombre à une hauteur de vingt mètres pour les voûtes des grandes nefs. Les échafaudages seuls étaient une grosse affaire et devaient coûter une somme considérable.

M. le curé, disons-nous, effrayé de la dépense, hésitait, reculait ; mais il avait compté sans le désintéressement de l'honnête ouvrier, qui, lui aussi, voulait réparer la maison de Dieu. Baudin lui offrit d'entreprendre ces travaux pour un prix relativement si minime que le bon prêtre dût lui faire observer que le chiffre demandé était insuffisant et ne lui permettrait pas de gagner sa vie : le maçon affirma le contraire, et c'est après cet assaut de générosité, que M. le curé, confiant dans la Providence et la probité d'un pareil entrepreneur, mit de côté toute hésitation et fit commencer les travaux.

Baudin établit un léger échafaudage composé de quatre perches sous lesquelles il adapta des roulettes ; reliant ensuite ces quatre montants avec des traverses à différentes hauteurs calculées suivant le besoin de son travail, il posait dessus des planches qui lui permettaient d'atteindre toutes les parties des basses nefs ; il promena cet échafaudage tout autour de l'église.

Pour les grandes nefs l'entreprise fut seulement plus périlleuse pour lui; renversant son appareil, il le suspendit aux voûtes, en faisant passer ses perches par les ouvertures ménagées pour les réparations, mettant le gros bout en haut, de manière à s'assurer un point d'appui, puis déplaçant successivement les perches, il échafaudait dessus à l'aide d'une échelle placée dans l'église.

Pendant les longs mois qu'a duré ce travail, pas le moindre bruit autre que celui indispensable, pas un cri n'a troublé les cérémonies du culte, car Baudin sait inspirer à ses ouvriers le respect qu'il a lui-même pour la dignité du lieu saint.

Mais ces réparations n'étaient pas les seules à exécuter : M. le curé réunit les autres ouvriers, le peintre, le menuisier, le serrurier, le marbrier; il leur confessa son inexpérience en matière de travaux, faisant appel à leur conscience; tous répondirent à sa confiance : les mémoires furent d'une modération exemplaire, quelques-uns bien au-dessous de l'estimation, et plusieurs ouvriers voulurent, en outre, ajouter un cadeau de leur profession pour coopérer à l'œuvre de leur pasteur : c'est ainsi que l'un d'eux a donné un tronc magnifique que nous vous engageons à ne pas oublier.

Pendant l'exécution de ces travaux, M. le curé, suivant un renseignement de l'ancien manuscrit dont nous avons déjà parlé, entreprit de garnir de vitraux les douze fenêtres des basses nefs. Autrefois, ces fenêtres avaient été ornées aux frais des principaux habitants de la ville. Conformément à cette tradition, M. le curé demanda à ses amis et à certaines familles de lui donner une moitié de ces fenêtres qui sont divisées en deux par un meneau : lui et son vicaire s'inscrivirent les premiers pour une verrière; les membres du conseil de fabrique suivirent cet exemple; il en obtint une de Mgr. Jolly, archevêque de Sens, dont il fut le professeur. Notre respectacle évêque, Mgr. Allou, offrit la sienne; M. l'abbé Delaunay, curé actuel de Saint-Étienne du Mont, ancien vicaire de Nemours, voulut aussi en donner une; les autres furent facilement remplies par divers notables du pays.

Ces verrières sont en mosaïque avec attributs légendaires relatifs aux donateurs : la nôtre a pour emblème une couronne d'épines. Ces vitraux sont charmants et ceux qui plaisent le plus, sans doute à cause du genre auquel ils appartiennent. En effet, rien n'est plus agréable à la vue que les verres disposés en mosaïque, c'est-à-dire par petits morceaux de teintes variées, s'harmonisant et se faisant valoir les unes les autres comme un joli effet de kaléidoscope. Qui n'a admiré, dans nos vieilles cathédrales, ces superbes rosaces dont les couleurs ressemblent à un magnifique dessin de cachemire et disposent si bien l'âme au recueillement qui doit régner dans un sanctuaire.

Pendant ce temps, les travaux s'achevaient, et la restauration eut été complète si les douze fenêtres de la grande nef n'eussent, par leur déplorable état, présenté l'aspect d'une ruine qui faisait repoussoir devant l'aspect soigné de tout le reste du monument. Malheureusement, cette dernière entreprise était au-dessus des ressources de M. le curé : il s'agissait d'une somme d'environ 6,000 francs. Le pasteur se décida à demander un secours à la commune, jusque-là complètement en dehors des dépenses, pour couronner l'œuvre déjà si avancée.

Ici commence pour le bon prêtre une série nouvelle de difficultés : tant qu'il a agi avec ses seules ressources, il a pu se contenter de l'avis officieux de son conseil de fabrique ; sa position parfaitement légale, lorsqu'il fait à ses frais des travaux d'ornementation qui ne peuvent en rien nuire à l'édifice, devient équivoque aussitôt qu'il demande une subvention à l'administration tutrice des établissements mineurs qui lui sont confiés. Le conseil municipal peut et doit contrôler les dépenses et établir l'équilibre avec les ressources. Or, M. le curé ne présentait pas de comptes. Malgré cela, après quelques discussions, la ville vota, par une espèce de bill de confiance, une somme de 3,000 francs, équiva-

lente au remplacement des anciens verres par des verres
blancs neufs, laissant à M. le curé à parfaire la différence
s'il voulait les remplacer par des vitraux. C'était ce qu'il
demandait et ce qu'il fit, et payant à l'artiste un retour
de 2,660 fr., il fit exécuter les grisailles avec médaillons
qui complètent si heureusement la restauration de
l'église.

Ces fenêtres mesurent 132 mètres superficiels (11 m.
l'une) : la pose et les grillages galvanisés ont seuls coûté
près de 1,000 francs, nous demandons s'il est possible
d'avoir un pareil travail pour une somme plus modique.
Les douze médaillons représentent les apôtres ; ils sont
du goût du respectable et regretté M. Eusèbe Prieur de
La Comble, qui n'a pas eu le bonheur de voir sa pensée
exécutée.

Restait à M. le curé à payer une dette bien douce,
celle de sa reconnaissance envers Baudin. Suivant un
vieil usage du moyen-âge, il fit faire par Cornuel une
verrière commémorative dans laquelle Baudin est peint
avec ses nobles vêtements de travail, agenouillé et en
prières devant l'image de Saint-Edme, son patron.
Lorsqu'on lui présenta son portrait, il se reconnut
immédiatement et le brave garçon se mit à rire ; mais
lorsqu'il y lut la légende inscrite au bas : *Hommage de
reconnaissance à Baudin pour les travaux exécutés dans
l'église,* l'honnête ouvrier se prit à pleurer. La récom-

pense est juste et méritée, elle est digne du donateur et
de celui auquel elle est offerte.

Maintenant que l'église est terminée, elle est soignée
et élégante; les habitants de Nemours, même ceux qui
n'ont pas contribué à sa restauration, en sont fiers, et
la montrent avec orgueil aux nombreux visiteurs que le
chemin de fer amène explorer les sites charmants de
nos environs.

Si, au point de vue de l'art architectural, elle n'est pas
remarquable, parce qu'elle manque d'ensemble à cause
des diverses époques où elle a été construite, les pro-
portions de l'intérieur sont belles; les vitraux seuls
constituent une collection curieuse à voir : il y a cin-
quante fenêtres, toutes garnies de verrières, dont trois
restaurées et quarante-sept neuves, exécutées par le
même artiste, dans l'espace de douze années.

La dernière, posée tout récemment au-dessus de
l'autel du Sacré-Cœur, est un cadeau du peintre qui a
voulu apporter, lui aussi, son offrande à l'œuvre de
M. le curé, témoigner sa reconnaissance pour les travaux
qui lui ont été confiés à Nemours, compléter son travail
personnel et empêcher qu'on ne lui attribue, comme je
l'ai entendu faire, un vitrail indigne de son talent.

Le moment est venu d'aborder le côté financier de
l'entreprise. Pour l'instruction et l'édification de tout le

monde, nous allons donner le bilan complet de l'opé-
ration.

Les vitraux ont coûté. . . . . 27,910 fr.
qui ont été payés,

Divers donateurs. . . . . 15,400 fr.
La ville . . . . , ... 3,000
Reste pour M. le curé. 9,510
                                 —————
Total égal . . . . . . 27,910 fr.

Cette somme est soldée par un emprunt
de 2,000 fr.

Mémoire des divers ouvriers. . . . . . . 10,128 fr.
sur lesquels M. le curé a payé à compte
avec le produit de deux années de sa souscription (1863 et 1864) 8,817
                                           —————
Reste dû. . . . . : . 1,311 fr.

Pour solder tous comptes aux ouvriers, M. le curé
doit donc. . . . . 1,311 fr.

Plus, 2,000 fr. empruntés pour solder
les vitraux. 2,000
                                           —————
Total. . . . . 3,311 fr.

Cette somme peut être facilement couverte par la souscription de l'année courante, dont le montant est resté complétement disponible.

En additionnant le prix des vitraux, soit   27,910 fr.
avec le montant des mémoires.   10,128

Nous avons un total de. . . .   38,038 fr.

Si on ajoute à cette somme celle de. . .   4,550
pour travaux et dépenses exécutés antérieurement et payés par M. le curé, nous arriverons à un total général de . . . .   42,588 fr.

Dans laquelle somme la ville a contribué pour . . . .   3,000 fr.
et M. le curé pour. . . . .   39,588 fr.

Nous croyons que ces chiffres éclaireront tout le monde, et que les habitants de Nemours, reconnaissants, rendront justice au digne pasteur qui, par ses efforts, a su trouver une somme de près de quarante mille francs, avec laquelle il a non rajeuni, mais remis à neuf l'intérieur de leur église.

Puisque j'ai essayé d'être l'historiographe de ces travaux, qu'il me soit permis, en terminant, d'invoquer un témoignage non suspect.

Lors de sa dernière visite pastorale, Mgr. Allou nous faisait l'honneur de nous dire : « Mes mauvais yeux » m'ont privé de juger par moi-même les embellisse- » ments exécutés dans l'église par M. le curé, mais ce » qui me surprend par-dessus tout, ce que je ne puis » comprendre, c'est que l'abbé Grabut ait osé demander » même un sou à qui que ce soit, je l'en croyais com- » plétement incapable. »

Nemours, août 1865.

Fontainebleau. — Typographie et lithographie de E. Bourges.